JN284228

日本人の生き方の原点に立ち返れ!

執《と》らわれない心

塩沼亮潤

PHP

はじめに

人生、生きていればいろんなことがあります。時には何で、どうしてと思うようなことがあり、悲しみの淵に立たされ、ひとり涙を流してしまうようなこともあるでしょう。

しかし、せっかくこの世界に命を授かり、生まれてきたからには、最後の一息まで、何が何でも、精一杯生き抜くことが私たちの定めであると、心の奥底より感じる時があります。

そして、生きるということは、当然のことながら、それぞれに人生の生き方を見つけなければなりません。

たとえば、「心清らかに生きていきたい」と願ったなら、まず、そのごとくに実践してみて、試行錯誤を繰り返すうちに、次第に具体的に実際となって確立されていくものです。

今、自分が与えられた環境の中で、目標とする生き方を実践してみるしか道はありません。

しかし、今までは、「昔、誰々さんは、このような格言を遺した」、あるいは「誰々さんの言っていることが一番だ」とか「いや、誰々さんのほうが正しい」とか知識ばかりが先行して、何も実践しようとしない傾向が強かった時代だったと思います。

理論を頭の中で思考し、できるだけ苦労しないで、楽にできるやり方を求めるような方向に世の中が流れていたのではないかと思います。

そのような本質を見据えていないような考え方は、今回の大震災のような非常時には、付焼刃が剥げ落ちるがごとくに崩れてしまいました。

産業革命から近代、そして、高度成長にかけて、時に私たちは自分たちの力や文明を過信しすぎたことを反省します。

改めて、自然を畏怖し、共生してきた豊葦原の瑞穂の国と美称されてきた我が国本来の精神復興を考えなければならない時期でしょう。

今回の東日本大震災では、かつて私たちが経験したことがないような大きな被害を受けました。

そして、今なおさまざまな問題を抱え、どのようにして乗り越えていかなければならないのかという現実に直面しております。

過ぎ去ってしまった時間は後戻りしません。また、いつまでも一人で心をふさぎ込んでいても答えなど出ません。現実を受け止め、今の苦しみ悲しみを乗り越えて、恨みや憎しみの心を持たず、光ある人生に、未来に心を転換していかなければなりません。

ふと考えてみれば、この地球は太陽の周りを楕円軌道で公転し、一秒間に二九・八キロメートルの速さで回り、赤道付近では自らが四六〇メートル以上の速さで自転している。それなのに、机の上に置かれたお茶碗の水面がまったく揺れない。

私たちが生活しているこの大地も一見、とても固いように思われますが、マグマというふわふわしたところに浮かんでいるようなものです。

実は、そんなところで私たちは生活しているわけです。この現実を考えると、私たちが今、ここに存在していること自体、不思議なことでありま す。

ここ数十年、日本は世界で一番幸せな国だと言われていました。ほとんどの人が三度のご飯を食べることができ、何不自由のない生活を送ることができました。

人間は幸せが過ぎると、小さな幸せには満足しなくなったり、もっともっとという気持ちになってしまいます。戦後間もない頃の何もない時代に不便ながらも互いに助け合い、必死に皆で力を合わせ生きていた原点を忘れていたのかもしれません。

この震災を機に、反省すべきところは反省し、人生のあり方を根本から見つめ直し、それぞれに意義のある人生を刻んでいかなければならない時期に来ていると言えるでしょう。

平成二十三年八月

塩沼亮潤

執《と》らわれない心

日本人の生き方の原点に立ち返れ！◎もくじ

2. 心の復興のために　48

3. マイナスをプラスに転じる　96

二、精一杯生きる

人生のあり方を問う76のメッセージ

一

原点を見据える

1. 理論で考える時代の終わり

■被災現場のあまりの悲惨さ

三月十一日、東日本を大震災が襲いました。マグニチュード九・〇の地震は、数百年ぶりの規模の大津波を引き起こし、三陸海岸沿岸部他の地域に甚大な被害をもたらしました。

地震・津波により一〇万以上の住宅が全壊し、死者・行方不明者は二万人を超えています。

さらにこの地震と津波は、福島県の原子力発電所に深刻な事故を発生させ、その復旧の目処は四カ月が経った今も立っていない状況です。この大災害から本当の意味で日本が復興するには、相当の歳月がかかるだろうと言われています。

私のお寺は、被災地である宮城県仙台市の秋保《あきう》にあります。仙台市といっても山形県の県境に近い山の中にあるため、建物に少し被害があった程度でした。しかし、近所では大きくがけが崩れた箇所もあり、震災後一週間ほどは身動きが取れない状況に置かれました。当然、電気や水道が使えない生活を余儀なくされました。

テレビや新聞を通して見られる被災地の実像はほんのごく一部です。実際には、あまりに悲しすぎて報道できないことがたくさんあるのが現実です。

お寺を訪ねてこられる方々で、海沿いの津波被災地に仕事で行かれた人やその地域にお住まいの人から、「現場の悲惨さ」について多くの話を聞く度に、心がはりさけそうになりました。

同じ被災地でも津波で流された地域と、そうでない地域では、まったく違います。私たち被災地の人間は、仕事や何かしらの必要があれば足を運びますが、用事がなければあまりにかわいそうで悲惨で、とても行けないという人がほとんどです。

報道関係のお仕事をされている方がプライベートで被災地に足を運んだときに、カメラを持っていったけれど、とてもカメラを向ける気になれなかったと語っておられました。

隣の家の高さと、たった三〇センチの違いで家が流されるかどうか、決まってしまったという現実もありました。一カ月経ち、「夜、明かりが灯っている家を見ると、正直なところ『なぜうちだけ』という思いがこみあげてきてしまう」と言っている人もいたそうです。

業者の人でさえ、被災地に行って実際の様子を見ると、「ああ……」と絶句し、「また来ます」としか言えなくなってしまうと、幾人もの方から聞きました。

私は、同じ被災地に住む人間として何ができるのだろうか、何をなすべきか、悩み苦しみ続けました。

そして、ある日ある瞬間に、大きな反省に気づき、心の奥底から熱い情熱がわきあがってきて、その考えを誰かが伝えていかなければと思い、筆を執った次第です。

■世の中が変わった

東日本大震災以降、世の中はすっかり変わってしまったと感じています。

世の中だけでなく、三月十一日以前の暮らしを振り返ると、あの日以来、私自身も大きく変化したことを感じています。

かつて、奈良県の吉野山金峯山寺において、大峯千日回峰行という修行を行じさせていただきました。

その行を終えたのは十数年の昔のことです。千三百年のお寺の歴史の中でやり終えた僧侶は二人目ということから、五年ほど前からメディアで取り上げていただくご縁に恵まれました。

その際に、「千日回峰行を発心した理由は何ですか？」と問われることが何度かありました。

きっかけは、小さな頃にたまたまテレビで、比叡山の酒井雄哉大阿闍梨さまが千日回峰行をされているお姿を拝見し、自分もこの修行がしたいと思ったことでした。

本当に理由は、それだけで何もないのです。しかしメディアの方々に正直に自分の心を話しても、「それでは少し、動機として弱すぎると思うので、もっと何かないですか」と納得いただけないことが多くありました。

そこで私もあれこれメディアの皆さんが喜ぶ理由を必死に考えて、表現したものです。するとメディアの人たちが不思議と納得してしまう。震災前というのは、「もっともらしい理論でものを考える」、そういう傾向があったように思います。

また講演などで、聴衆の方から「人生とはいったい何ですか?」という質問が寄せられることがありました。自分の修行体験を思い出しながら、

「自分の場合はこういう体験をして、やがてこのような考えに至り、穏やかな心に転じることができました」と話したあとに、結局は「清く正しく生きていくことが大事ではないでしょうか」と原点に立ち返り、とても当たり前のことをお話しさせていただいたとします。

すると講演が終わったあとで「清く正しく生きていきたいと思っても、頭ではわかるのですが、できないんです。いったいどうすればいいでしょうか」と、ノウハウと言いますか、自らが実践しようとせず、理論ばかりを求められる方が多くいらっしゃいました。当時はそんな質問に対して、私も精一杯、皆さんに納得いただけるような言葉を探していた時代でもありました。

三月十一日以前の日本は、何か書物やテレビ番組などを見ても、論理的に頭で世の中のことを捉えていた時代だったように感じます。

しかし三月十一日以降は、ガラっとその空気が一気に変わったような気がしています。その象徴が、震災直後にテレビでたくさん流れたＡＣジャパン（旧公共広告機構）のコマーシャルです。

「ありがとう。こんにちは。こんばんは」という当たり前の挨拶を言葉に出して言おう、と呼びかけるＣＭや、若い男の人が階段を登るのに苦労しているお婆さんの手をひいてあげるＣＭが、繰り返し流されました。思いやりの心を行動に移してみましょうという呼びかけが盛んになされるようになりました。

こんなことを三月十一日以前に言ったら、「なんでそんな当たり前のことを今さら言うの？」と、多くの人から受け入れられなかったことでしょう。しかし震災以降は「そうだ、そうだ、そういう気持ちこそが本当に大切だったんだ」と、私たちが原点に立ち戻ったような気がしたものです。

■すべてを感謝できる気持ちに

津波で被災した沿岸部では大津波によって人々は住む家を失い、何十万人もの人がライフラインを失いました。またガソリンが逼迫し、行動の自由も大幅に制限されました。

しかし東北地方の人々はそれでも笑顔を絶やさずに一致団結して、「がんばろう」と声を掛け合いながら生きていたのです。

津波によって長年住みなれた家を流されてしまった人が、「俺はまたここに家を建てるんだ」と前向きに言っていました。また、どんなに生活が不自由になっても、「昔の生活に戻っただけだよ」とニコニコしているお年寄りがいました。

何も無い瓦礫の中で火を囲みながら、「お前のうちでは何人流された」「三人だ」「何言ってんだ。うちは五人だぞ」と、それでも笑ってお話しされていた人もいたと聞きます。

そうしたひどい状況の中にありながら、略奪も暴動もほとんど起きなかった。震災発生後、数日経って、スーパーやコンビニエンスストアがいつ開くかもわからない状況の中でも、人々は店の周りでじっと待っていた。仙台市の国道四八号線はとても交通量が多く、震災直後も交通量が多かったのですが、電気が途絶しているため信号が点かない中でも、まったく自動車事故が起きませんでした。

古の昔から大災害に何度も襲われてきた日本人のＤＮＡでしょうか。目を覆いたくなるほどの困難を強いられると、この国の人々は誠実さや互いを想いあう心に覚醒するような気がします。すべてを感謝すべきものとして捉えることができる気持ちを、取り戻していくように感じるのです。

ある人から、被災地に支援物資を届けに行くと、「ここよりも奥のほうがさらにひどいから、先にそっちに持って行ってくれ」と言われたという話を聞きました。それでその地区へ行くと、その場所の人に「ここはいいからもっと奥の人を助けてくれ」と言われたそうです。しかし、実際はその地域の人たちは、一日におにぎりを一つしか食べられないような状況であったにもかかわらずです。

また、ある中学生の女の子は、お父さん、お母さん、兄弟、家族全員が津波に流されてしまったそうです。しかしそれでもその子は、メディアの質問に「それでも天を恨みません」と話していました。すべてを受け入れて、なおかつ現実を生きていこうとしている姿に、私は涙しました。

避難所では自らが率先して、役割を分担し、みんなのために和気あいあいと力を合わせてがんばっていました。

また、被災した当初から、東北には全国からたくさんのボランティアの方々がやって来てくださいました。「これは国難だ」と、メディアも最大級の力を投じて報道していました。

さらに海外のメディアも、このような日本人の姿を取材し、「日本人とはなんと高潔な人々なのだろうか」と驚きました。東北の人たちの姿、日本人の素晴らしさが全世界に発信されました。

インターネットやメディアを通じてそれを知った世界の人々は、「日本人は素晴らしい」と感動したようです。各国の首脳から一般の人々まで、「日本人のために祈ろう」と数えきれないほどのメッセージが届けられました。

我々、被災地に住む人間は、震災から一週間ほど経ち、電気が復旧するようになってから、その世界からのメッセージを聞いて、身体が震えるほどの感動と感謝の気持ちを抱きました。その言葉はリップサービスではない、本心からの言葉であることが伝わってきました。

そのとき、私たちは「もしかすると今この瞬間、国境が無くなったのかもしれない」と感じたほどです。世界が一つになることができたのではないか、そういう感覚を覚えました。

その感覚は私一人ではなく、被災地の多くの人々が皆口々にしていました。それが被災地に住む一人の人間である私が、震災からしばらく抱いていた感覚でした。

言葉が適切でないかもしれませんが、震災をきっかけとして、「すべてが原点に返った」という思いがしました。

日本人が持っている人を思いやる心や人と人との絆。それらは本当に光り輝くほどの美しさを持っている、という空気が被災地に漂っていて、その東北から発せられた空気が、日本全体に漂っていたのではないでしょうか。

■心の中で薄れてきた存在

しかし、その空気は、期待とは反対に長く続きませんでした。

震災から一週間が経ち、二週間が過ぎると、徐々に仙台市内のライフラインは復旧していき、私たちの生活も落ち着いていきました。

ガソリンが無くなり、車が動かず、どこにも行けない状態は一カ月近く続きましたが、それも再び安定してガソリンが供給されるようになると、また以前のように行動できる範囲が広まってきます。

自分の仕事や日常が徐々に戻って来る。そうすると、本当の被災地の人々、家が流されてしまって家族の命も失ってしまった人々、今も避難所で暮らす人たちの存在を、忘れるわけでは決してないのですが、心の中から薄れてきたというのか、自分の忙しさに取り紛れ、自分中心の生活に戻ってきつつありました。

震災当初は被災地以外の日本国民全員が、被災者のために何かしなければならない、させていただきたいという気持ちを持っていたと思います。しかし時が経つにつれて、そうした気持ちが薄れつつあると感じていたことも、多くの人が体験したことだったと思います。

五月はじめ、ＮＨＫの仙台放送局のディレクターが私のところを訪ねて来ました。

「塩沼さん、被災地の方々のために、本当に役に立つ番組を作りたいのです。世間では数年先を見据えた復興をどうするかについて、さかんに議論されています。テレビ局もそれに焦点を当てた番組を作ろうとしています。しかし、本当にひどい被害を受けた地域は、いまだに、目の前の復旧もままならない状況で、もしかすると、このまま東北が忘れ去られてしまうような危惧を抱くのです」

まったく同感でした。私のお寺にも被災地域の方々が何人か訪ねて来ましたが、話を聞く度に、まだ見つからぬ行方不明者の捜索や、瓦礫の撤去、住む家をどうするか、どうやって生計を立てるかなど、緊急を要する目の前の問題が、まったく片付いていない現実を肌で感じていました。

しかし被災地以外の世間では、すでに復興の話が中心となっている。本当の被災地の惨状は忘れ去られつつあるように思えました。もしかすると、震災から二カ月が過ぎるゴールデンウィーク明け頃には、被災地のことが忘れられてしまうのではないか、という危惧を覚えたのです。

ディレクターの方は、私の他にも三名の方に番組の出演依頼をされているとのことでした。

「しかし皆さん、どうもあまり乗り気ではないご様子なのです。今は難しい、何を言えばいいのかわからない、と一様におっしゃるのです」と。

そう言われてみると、私も、深刻な津波被害に遭われた方々のために、何かを伝えてくださいと言われたときに、私に何ができるのだろうと考え込んでしまいました。

「自分の心持ち一〇〇のうち、四九は『むずかしい』というマイナス方向に傾いています。しかしせっかくこうしてお声を掛けていただいたのですから、お仕事を受けたからには、プラスな考え方として五一は『させていただきたい』という思いです」

非常に困っている被災者の方々のために、何かをさせていただきたい。その思いはとても強く胸のうちにありました。しかしそれに向かって、なぜ全速力で進めないのか。しばらくの間、自問自答しました。

番組の収録はその日から一週間後でした。私はディレクターの方に、「せっかくいただいたご縁ですので、精一杯させていただきたいという気持ちでおります。しかし、なぜか今はすっきりしないものがあり、自分でもよくわかりません。でも、収録日までには自分の心を真剣に見つめ直し、答えを見つけて、一〇〇の心で皆様をお迎えします」と約束しました。

■「あ、私には家があるんだ」

そこから深い自問自答の日々が続きました。なぜ自分自身の気持ちがすっきりしないのか、毎日考え続けました。

できる限り日々の修行に専念し、朝から晩までお寺にある畑でたくさんの汗水を流し、精一杯身体を動かして答えを探し求めました。そしてある日、NHKのニュースを見ていたときにはっと気づいたことがありました。

そこには、自衛隊のヘリコプターで被災地を慰問なさる天皇皇后両陛下のお姿が映っていました。被災者に対して跪かれて、被災者の方々と同じ視線で、「大丈夫ですか?」とお声をかけていらっしゃいました。するとみるみるうちに、被災地の方々の顔が元気になっていきます。

そのお姿を拝したときに、「ああ、そうだ。同じ視線で向き合わなければならないんだ」というヒントをいただいたように感じたのです。

しかしそれでもまだ、自分の心の納得が、不完全のような気がしました。胸のうちにすとんと落ちてこない。もっと深く自分を見つめようとさらに考えました。真剣に試行錯誤し、自分の心を見つめ直し続けました。

そしてある日、一つの大きな反省にいたりました。それは収録日の前日に、お寺の裏にある畑を耕していたときのことでした。ふと本堂を見たときに、頭にこの言葉が浮かんだのです。

「あ、自分には家があるんだ」

この言葉が浮かんだときから、深い思索の世界に入って行きました。自分には家がある。もし今、この目の前の家が無かったら、今自分はどうしているだろうか。どんな心境になっているのだろうか。

今のような生活はできないし、どこに住んでいるんだろう。この先どうやって生きていけばいいのかもわからないかもしれない――。地面にクワを置いて、しばらく呆然と立ち尽くしました。

震災から数週間もすると、ガソリンも手に入り、ライフラインも復旧し、ふだんの生活をしています。元通りの仕事をしています。仕事をしていく中で、「忙しい、忙しい」と日々追われています。そうすると正直、被災地でまさにこのときも苦労されている方がたくさんいるということを、忘れていた。いや、忘れるわけはないのですが、薄れてきつつあった。これは大きな、大きな反省でした。

そしてこの気持ちを、この先十年も十五年も、決して忘れてはいけない、と強く思ったのです。

■私の心の情熱に火が灯った瞬間

振り返ってみると、十六年前の阪神・淡路大震災のときも同じ失敗をしていたのです。

そのとき私はまだ二十代半ばで、奈良で修行中でした。奈良でも震度五の揺れを感じ、すぐにテレビを点けて、各局のニュースを食い入るように見ました。震源地近くの神戸の街からは、みるみるうちに大きな煙があがり、たいへんな規模の災害であることがわかりました。さらに高速道路の橋げたが落ちている映像が放送され、「これはものすごい震災が起きた」ということを認識したのです。

当時の私は、大変なショックを受けました。しかしそのショック状態というのは長続きしませんでした。時間が経つといつのまにか和らぎ、地震のときの衝撃と「被災者の方々のために何とか自分の善意を伝えたい」という思いを時間とともに忘れていったのです。

たしかにメディアは神戸のことを取り上げ続けていました。高速道路が倒壊し、その上で落ちそうになっているバスの映像や、黒煙に巻かれる街を映し続けました。今回の震災でも津波の映像が繰り返し報道されましたが、それと同じです。

しかし当時も、実際には映像に映らない、もっと悲惨でたいへんな状況がいろんなところであったはずです。大勢の人が見るテレビや新聞などのメディアには、「映せる限界」があります。本当の悲惨さ、辟易するほどすさまじい映像は、被災地から遠いところには届けられません。

だから一カ月、二カ月経つと、被災地の当事者以外の人々の記憶から薄れてしまうのです。二十代の私も、画面に映らない人々の苦しみや悲しみを共有し、共感し続けることができませんでした。

今回の地震が起きて、自分の日々の生活に取り紛れて、また被災地が遠いという理由で、阪神・淡路大震災の被災者のことを忘れてしまった、という苦い記憶が蘇りました。

しかし今回は被災地が自分の居住地のすぐ側です。地震が起こって一カ月が経ち、二カ月が経ち、少しずつ落ち着きを取り戻しつつある今でも、いろいろなことを耳にします。

三月十一日のあの日、巨大な地震が起こり、すぐに津波が来ることが予測されました。人々は皆パニック状態です。多くの人が車で逃げ出しましたので、当然、道路には渋滞が発生しました。

車はまったく動かない。後ろからは大きな津波が押し寄せて来る。水はいろんな方向から押し寄せて来る。大津波を体験した人は、想像を絶する世界でしたと語ります。強い引き波と共に海にさらわれていくあるお父さんは、何かにしがみついて命からがら助かった息子に、笑顔で手を振って流されていったそうです。

被災地では、悔やんでも悔やみきれないことがたくさんあります。家族がみんな波にさらわれてしまった、家が無くなってしまった人が大勢います。それでも前向きにがんばろうという人もいれば、がんばれない、力が出ない、という人もたくさんいるのです。

幼き子どもや愛する家族を失い、今は喪に服すことしかできない、という人々が何千人、何万人もいるのです。

その一方で、少し復興に向けて動き出すと、瓦礫の撤去や復興に向けていろいろな動きが出てきます。

その一部には、不適切な言葉ですが「復興バブルだ」と言って、哀しみの底にいる人たちの隣で、目をギラギラさせながら仕事を探そうとする人たちも出て来ていると言います。

こうした被災地のいろいろな思いや現実が入り交じった状況は、メディアを通しては感じることができません。

ＮＨＫのディレクターから、「被災地、被災者のために何かを表現してください」と言われたときは、自分の生活がすべて元通りになりつつあることに対してのある意味後ろめたさから、自分の言葉に自信を持つことができなかったんだと改めて思いました。

しかし、先に申し上げたように、ある瞬間に「自分には家がある。しかし、今このときも家のない人がいるんだ」という気づきを経て、今現在、避難所で暮らしている人や大変な生活をされている人がいるこのことを決して忘れてはいけない、自分ができる範囲で、継続して何かをさせていただきたい、という私の心の情熱に火が灯った瞬間でした。

2. 心の復興のために

■残念な、被災地との温度差

ゴールデンウィーク以降、取材で東京に何度か足を運ぶ機会がありましたが、被災地とはずいぶん温度差があることを肌で感じました。東京に住んでいる人々は、今回の地震について私たち被災地の東北の人間とは別の感じ方をされているのを感じました。

三月十一日の地震では、東京も震度五強と大きく揺れました。携帯電話は通じなくなり、その日は電車もストップし、何十万人もの帰宅難民が出ました。寒風が吹きすさぶ夜中、十数キロの道のりを何時間もかけて歩いて帰る人の列で道路が埋まりました。

またその後の数週間は、被災地へも充分な物資が回っていない状況の中、買い占め騒動が起こり、ニュースでも品物は充分ありますから、買い占めないでくださいと報じられても、品不足が続きました。コンビニエンスストアやスーパーマーケットの棚から、水やカップラーメンなどの食品が全部無くなったと聞きます。

さらに電気が止まった地区では、高層ビルの上の階まで歩いて行かなくてはならない、といったこともありました。またその後に起きた福島の原発事故の影響で、水道水から放射性物質が検出される、といったことも起きています。

このような状況を経て、東京で地震に遭った人から次のような言葉を聞きました。

「そうした地震の影響を直接的に肌で経験していたときは、沿岸部の方に比べれば何万分の一の苦労に過ぎないとしても、自分たちも地震によって被災している、という感覚を持つことができました。しかし一週間が経ち、二週間が経って、平穏な暮らしが戻って来るにつれ、あえて意識的に地震を忘れようとしていたところがあったのではないかと思います」

目の前の仕事や、自分がなすべきことに邁進して、一刻も早く日常を取り戻すことが大切だ、と考えた人が東京には多かったと聞きました。被災していない自分たちが普通に仕事をしたり、それまでと同様に外にご飯を食べに行ったり、日常の消費活動に勤しむことで、日本経済を以前と同じ流れに戻すことが大切だ、と思う人が少なくなかったようです。

彼はこう続けます。

「私は今回の震災に、都心の路上で遭遇しました。すぐ隣に高速道路が走っており、目の前にはガラス張りのビルが建っていました。地震が起きたときに阪神・淡路大震災の映像が頭に浮かび、上から車やガラスが降って来るのではないか、と心配しましたが、そうならずに済みました。電車が止まっていたため、会社まで一時間ほどかけて歩いて帰りましたが、その間、一つも壊れたビルを目にすることはありませんでした。だから東京にいて日常を送っていると、家がないとか、街が破壊されてしまった、という感覚を真に理解することは難しいのではないでしょうか」

それを聞いて私は、被災地から距離的に離れていることの難しさを実感いたしました。

東日本大震災の数年前にも、スマトラ島沖で巨大地震が起こり、インドネシアやタイなどの国々で、津波により二十万人以上が亡くなりました。

そのときのニュースを見て「これはたいへんだ」と思っても、長く同情や共感を寄せ続けることができず、すぐに日常の生活に戻ってしまった日本人がほとんどだったと思います。

どうしても被災地が遠いと、実感は薄れます。今回の東日本大震災が東北ではなくて、それ以外の地域で起こっていた場合でも、その地域に親兄弟や親戚がいない多くの東京の人々は、本当に自分たちに関わる話としては、受け止められなかったかもしれません。

メディアが発達し、一瞬にして情報が伝わる時代になっても逆に、運命を共にするという精神が薄れてきつつあるのか、個人個人の心に善意は存在しても、それを表現できにくい傾向にあるのか、今一度、次に起こり得る大災害に備えて、個人個人の心の中でしっかりと考察してみなければならないときではないでしょうか。

■想定外という無責任

しかし今回の地震によって、「日本という国は、いつ巨大地震が起こるかわからない場所で生きているんだ」ということが明らかになったのです。そしてもし起こってしまった場合、どうすればいち早く復旧できるか、国民によって選ばれた代表の方たちはもちろんのこと、私たちが、大災害の前から念入りに考えておかねばならない時代となりました。

地震が起きてからしばらくの間、「想定外」という言葉を新聞やテレビで目にしました。ようやく最近は聞かなくなりましたが、本来であれば

「想定外」という言葉は、人々の安全を守る責任のある人々が言うべき言葉ではないと疑問に思いました。

昔、誰もいない山の中で修行していたことを思い出します。大自然の山の中に入り、そこで修行をするためには、ありとあらゆる事態に対しての準備、心構えをしておかねばなりません。

一つ判断を間違い、一歩間違えれば、山では即その行動が死につながりかねないことを意味します。実際に私の仲間でも修行中に命を落としてしまう人もいます。すべて自己責任です。想定外などという言葉は、到底使えません。山では何が起こっても誰のせいにもできませんので、自分の身は自分で守るしかありません。大自然の中で命懸けで漁をしている漁師さんたちも皆同じように言われます。

今回の被災地域も、過去に何度も同じぐらいの規模の地震が起こり、大きな津波に襲われていたことは、数々の研究ではっきりとわかっていました。明治三陸大津波の被害を受けた過去の人が、「ここより下の地域には家を建ててはいけない」とわざわざ石碑にしてメッセージを残していてくれた土地もあったのに、時間が経つとやはり忘れてしまい、自分たちの都合であいまいにしてしまうことがあります。そして、いざ大震災が起こってしまうと「想定外だった」と言ってしまう。今回の地震を「想定していなかった」という事自体が問題ですし、想定外というのは無責任ということ以外の何ものでもないのです。

常に大災害を想定し、その備えを十分にしておくこと。この教訓を胸に刻み込み、子孫に伝えていくことが、今を生きる私たちにとっても大切な責任ではないでしょうか。

■もう一度タイガーマスク運動を

阪神・淡路大震災を体験した人が、今回の東日本大震災の被災者に伝えていた言葉が耳に残っています。

「とりあえず一週間我慢してください。一週間が過ぎたら、二週間我慢してください。必ず、少しずつですが、物資が回りはじめますから」という励ましのコメントをされていました。

テレビか何かで話されていたのを耳にしたのですが、三月十一日以来、その言葉を支えにがんばってきて、実際にその通りだったと実感しています。

一週間で一区切り、二週間で次の区切り。そうするうちに、被災地には徐々に支援物資が運び込まれ、ご飯も食べられるようになってきました。雨風がしのげる暮らしが整ってくる。徐々にではあるけれど、温かいものが食べられ、お風呂にも入ることができる。

そして一カ月経ち、二カ月経つと、もう十分な食料が届いて、中には腐らせてしまうところすら出てくる。当面の生活は何とか維持できるようになりました。

しかし二カ月も過ぎますと、別の問題が起こってきます。避難所で長い間、たいへんな生活を余儀なくされている方は、徐々に心が疲れてきます。避難生活はプライバシーもありませんし、まったく元の生活スタイルと変わりますので、精神的に堪えます。また一箇所に大勢の人が押し込められて暮らしますので、不平不満が出てしまうのも仕方ありません。

実際に、今避難所を回られている方からお聞きした話ですが、雨風がしのげるようになって、お風呂にも入れるようになってきたけれど、今一番の問題は、働く手段がないことだそうです。

被災者の方から「正直、とりあえずお金が欲しいんだぁ」という声をよく耳にするそうです。高速道路が無料になっても、車も家も流されてしまった人は、高速も使えません。働こうにも職場まで行く足もなければ、手段もありません。何か商売をはじめようにも、その準備のための資金がないのです。

さらには義援金を支給されると、経済的に困難な人がそれまで受けることができていた生活保護が切られてしまうということもありました。

また仮設住宅に入ると、いろいろな支援が受けられなくなってしまうことから、避難所に戻って生活する人が現実にいらっしゃいます。つい先日も、八〇戸建てた仮設住宅のうち一戸しか入居していないという記事がありました。こうした対応には、矛盾を感じる声が多くあります。

被災された方々に必要なお金も、一、二カ月の生活に必要な金額では意味がありません。その後の生活を立ち上げるのに必要な起爆剤となるような金額が必要なことは明らかであります。

そういった支援を国民全体で何とかしようというような機運が盛り上ってくると、被災者たちの心はとても潤ってくると思うのです。

震災前に、「タイガーマスク運動」というのが話題になりました。児童養護施設に入所している子どもたちに、全国の匿名の支援者からランドセルやお金が寄せられ、匿名の手紙に「タイガーマスクより」と書かれていたという運動が全国に広まりました。やはり、私たち日本人の心のどこかには、困った人を見ると、何とかしてあげなければならないというDNA

が生きているのではないかと思いました。

皆の善意が集まれば大きなことが成し遂げられます。お隣の韓国では一九九〇年代後半にＩＭＦ管理になった際、一般の人たちも自分が所有する高級品を寄付しているというニュースを見たことを記憶しております。そうすることで国難を乗り切ろうと、国民が一体となったのです。

日本のタイガーマスク運動も、多くの国民の気持ちに明るい灯火を点けましたが、地震後の今、再びそういう運動が、日本で起こりますようにと祈るばかりです。

たとえば日本国民からの善意で一人一万円ずつ集めることができたら、一兆三〇〇〇億円にもなります。それが無理でも一〇〇〇円でも二〇〇〇円でもいいし、もっとできる人は五万円でも一〇万円でもいいでしょう。

家庭の中で、お父さんやお母さんが「困っている人のためにできることをしてあげましょう」と子どもに話し、子どもも「じゃあ僕のお年玉の貯金から寄付するよ」と善意の輪が広まっていく。そうすればあっという間に大きな金額が集まると思うのです。

すべてを失ってしまい、夢も希望も失いかけている人に元気になってもらわなければならないと思います。今回のようなクラスの災害が起きてしまった場合には、規則だ、公平だと厳密にこだわっていたのではいつまでたっても復興できないと、現地では感じます。

実際の被災地には、今現在でも電気が行き渡ってないような地域が残っています。そこに住む人が、一〇万円や二〇万円のお金をもらったところでどうしようもありません。

仮設住宅にも問題が少なくありません。仮設住宅もじつは一棟三〇〇万円ぐらいでできるところを、六〇〇万円の値段で国が発注しているケースもあるそうです。仮設住宅はいずれ壊してしまいます。

それならば仮設住宅を造るのではなくて、その六〇〇万円に少し足して、何十年も住める家を建てたほうが、すべてにおいて理にかなっているということは、誰でもわかっていることです。

■ボランティアの異なる形

被災地の支援でできることは、お金を送るだけではありません。実際に被災地に足を運び、瓦礫やヘドロの撤去をお手伝いするボランティアも、まだまだ続けていかなければなりません。

ゴールデンウィークにはたくさんのボランティアが日本中から集まりましたが、今はだんだんと少なくなって困っているそうです。被害にあった地域が立ち直るには間違いなく相当の時間がかかります。これからも、支援の輪を細く長く続けていかなければならないと思います。

ボランティアは売名行為でもいけませんし、善意の押し付けや自己満足であってもいけません。心から相手の心を思う無為の心でもって〝させていただく〟という気持ちで現地に行かなければなりません。

先日は大阪から被災地にボランティアで来られた方が、私のお寺に寄ってくれました。彼はアメリカン・フットボールの選手で、アメリカに試合に行く前に被災地にどうしても行きたかったと話していました。

「関西では最近、地震と津波の被害の報道よりも、原発事故の報道ばかりで、被災地の状況がわかりませんでした」と話していました。「津波の被害のその後について、テレビを見ているだけではわからなかった。実際に自分が来てみて、こんなにひどいものか、と初めてわかりました」と言って帰られました。

「実際に何か自分も善意の表現をしてみたい。しかし、どのようにしたらよいのか」と思う人も少なくないと思います。お金もたくさんは送れない。ボランティアに行くのも難しい。それでも、そう考える方が、自分の日々の生活を少し見直して、常日頃から被災地の人たちの立場になって、考えてみたり、生活してみる、というだけでも立派な貢献になります。

地震が起きて以来、私のお寺でも行っていることがあります。ふだんから質素な食事を、さらにもう少し質素にしようと皆で決めました。贅沢《ぜいたく》をせずに、質素な暮らしをすることで、被災地の人たちの辛さに少しでも寄り添えれば、という思いから行っています。飽食は心をだらっとさせますが、食事を少し質素にすることで自分の心身がすっきりしてきます。質素倹約することで意識も変わってきます。

また、与えられた環境の中で今まで以上にお互いに、思いやりの気持ちをもって、心から言葉に出して感謝の気持ちを伝えながら、明るく元気にニコニコと生活しようと心がけています。身近な人と笑顔で心と心を紡ぎ合うことで、周りの人たちにも良い影響を与えます。池に石を投げ込めば波紋が広がっていくように、私たち一人ひとりができる限りのことでよいので、一石を投じなければ、新しい展開は生まれません。

このように被災地に足を運ぶことができなくてもできるボランティアの形もあるのではないでしょうか。

■天皇皇后両陛下のお姿に学ぶ

そして、被災された人たちのことを誰よりも強く思っておられる方が、天皇皇后両陛下でしょう。

平成十二年の三宅島の火山噴火時にも、全島民離島した折に、避難所を御慰問されました。『産経新聞』の平成二十三年四月三十日の記事によると、平野祐康村長は、「両陛下のご訪問は、被災者にとって何よりの薬。行政が（村民が避難生活を送った）四年五カ月かけて一生懸命がんばっても、両陛下の一言にはかなわない」とおっしゃったそうです。

また、阪神・淡路大震災のとき、「励ましよりもお金がほしい」と大声で話していたある男性が、陛下にお声をかけられると堰を切ったように大声で泣き出したと言います。

今回の大震災のときにも、被災者に跪かれて、同じ視線で真摯に見舞われる。それだけで、被災者の方々は、感激のあまり涙を流されたり、暗かった顔が、みるみる明るい表情になっていました。

やはりご人徳なのでしょうか。どれだけ深く今回の大震災に心を痛められ、国民のことを心から思っておられるかが、そのお姿すべてから滲み出ていると、誰もが感じたのではないでしょうか。

旧皇族の方からお話を伺いますと、天皇陛下は、ご自身のことはまったく祈らず、日々国民の弥栄《いやさか》のために祈られている。宮中でときには夜を徹してお祈りをなさっているそうです。今の国民にはあまり知られていないことですが、天皇陛下の御仕事は非常に激務だそうです。

新聞には、どの国の誰に会いました、どこどこを訪問されました、と簡単にご公務が記載されるだけですが、国民のために一年を通して祈りを込められておられる祭祀の実態については、ほとんど報道されていないそうなのです。

しかしそのようなことをまったく知らずとも、天皇皇后両陛下にお会いした人は皆、跪いて涙を流して感謝する。それは両陛下の御身体から全身全霊で民を思う、国を思う慈愛のお気持ちがおありになるからこそ、理屈抜きに私たちの心に伝わってくるのだと思います。

両陛下は被災地の御慰問に際して、自衛隊機で東松島の基地まで来られ、そこからはヘリコプターに乗って各所を慰問なさいました。放射能濃度が高いと心配される場所にも、躊躇せずにお向かいになられました。一般の人でも怖がるようなところに、そのままのお姿で慰問されたのです。

世間体やパフォーマンスで慰問した人の中には、「来るな！　帰れ！」という言葉を浴びせられてしまった方もおられたようですが、私たち国民も、そのお姿から学ばなければならないと思います。

被災地は今もマスクにタオルで鼻を覆っても、ヘドロや腐った魚で耐えられないほどの臭気がする場所があります。国民の代表として選ばれた方々が被災地に泥かきに行き、そこで精一杯汗水を流したときに、きっと考え方が変わるはずです。被災地の方々と共に、被災地の人たちと同じ視線で、ということを深いレベルで実践して初めて共感を持てるようになるでしょう。

「これは一大事だ」と自分の貯金通帳を出して、「皆さんもできる限り被災者のために寄付をお願いします」と言えば、すぐに大きな金額が集まると思うのです。そういう決断力のある、昔で言う親分肌の人々から頼られる国のリーダーが出て来ることを私たち国民は切に願っております。
○○党がどうのこうのとか、○○の予算が通らないとか、という話ばかりでは、被災地の人たちの心が痛むばかりです。枝葉末節の話をするのではなく、本当に被災地のことを考えて決断し、実行されなければなりません。

ニュースを見ていたら被災地の人たちが永田町のごたごたを見て、「私たちの足を政治家の人たちは引っ張らないでほしい」と言っていました。本来まっさきに被災者を助けるべき人たちが、足を引っ張っていると思われてしまう。これは、被災者の視点にまったく立っていないということの表れだと思います。

決して、非難しているわけではなく、論争を起こそうとしているのでもありません。

一番恐れていることは、次に同じような大災害がいつ起こるかわからないということです。そのときに同じあやまちを繰り返しては、またこの国のどこかで涙を流す人が出てしまいます。そうならないよう、今までの視点や決まり事の改めるべきところは、速やかに改善していかなければならないのではないでしょうか。

今からでも遅くありません。一から大いに反省していただきたいと思います。

■反省から生まれてくるもの

昔、体験した大峯千日回峰行では、山の麓の寺から、大峯山という標高一七一九メートルの山まで、一日標高差一四〇〇メートル、四八キロメートルの距離を十六時間かけて連日歩きます。大げさではなく、「毎日が命懸け」と言ってもまったく過言ではありません。

危険な崖などの難所もあれば、道無き道を歩いていきますので、いつ生い茂った草むらの中からマムシが出て来て噛まれるかわかりません。また熊や猪に遭遇することも何度もありますし、落石の危険もあれば、大雨の日は川の濁流に流される可能性もあります。

文字通り生と死と隣合わせなのが千日回峰行なのです。私も千日のうち三回ぐらいは限りなく死に近づいた、と感じた経験があります。

そうした大自然の脅威にさらされる度に、至る心境はというと「反省」の二文字でした。どんな反省かと申しますと、日常の生活の中での自分に対する反省でした。死に近づく程の体験をする度に、思い通りにならない人生を憂えたり、気ままわがままに生きていた自分がいたな、という心の状態になります。

「もっと素直に生きなければならない、どんなときでも自分の意地を張らずに謙虚に生きなければならない、もっと他の人に感謝をしなければならない、三度三度のご飯が食べられて、雨風をしのげる家があり、お風呂に入れて布団で寝られる。その日常当たり前のことに、感謝しなければならない」ということに気づき深い反省をします。

行を通じて大自然と向きあうことで、いつしか心の中で自然に、「人に対してもっと思いやりを持って生きていかなければならない」と改めて自分の生き方を振り返ってみたり、素直に自分自身の思いやりを表現できずに、身の回りの人に対しても分け隔てして接している自分がいることに気づき、「駄目だなあ」と、ひとり山の中で心から反省の念に至ります。

今回の地震が起こった直後には、自分の日常のことで反省の念をいだいた人は多いのではないでしょうか。その反省を今後に活かし、実践していくことが大切であり、その心が自己の成長につながっていくと思います。

昨年、阪神・淡路大震災のときに、甚大な被害を受けた神戸市の長田区にお伺いしたのですが、そのとき駅まで迎えに来てくださった方が、当時、市の職員で、震災の日から、一月ほど、朝から夕方まで亡くなられた人を背中におぶって、安置所まで運び続けたときの話をしてくださいました。瓦礫をかき分けて出てきたご遺体が、自分の奥様と子供さんと同世代であったときには、思わず嗚咽してしまったそうです。

ところが、その方は次に、「しかし、塩沼さん、人間って本当に愚かなものです」とおっしゃいました。「あのとき、大自然の脅威を受けて、自分自身の内面や日ごろの生活をあんなに深く反省したのに、十数年経った今、それを忘れて、またわがままになっているんですよね」と。

時間が経てばやがて荒れ果てた土地や港も整備され、いずれ元のようになっていくことでしょう。

それと同時に、それぞれの反省をふまえて、人と人との心のつながりを大切に、気ままわがままな自分に戻らないように心がけて生きていかねばならない、と感じます。

■人生とは階段のようなもの

やはり私たちは何かのきっかけにより、深く反省する場合があります。そのときに大切なポイントは心深く反省し、二度と同じあやまちを繰り返さないと心に刻んだならば、すぐに前向きに目的を見据えて歩みはじめなければならないということです。

たとえば、人生とは坂道ではなくて、階段のようなものと表現してみましょう。小僧の時代から今までを振り返ると、悩んだり苦しんだり壁にぶちあたるような時期があり、それが過ぎるとまた穏やかな気持ちで歩んでいくことができる時期がある。

しかし、いったん穏やかな心境を得て平坦な道を歩んでいると、またしばらくすると、ある日、突然挫折を味わったり、いろんな苦痛やプレッシャーを感じる時期があり、それを乗り越えると、また穏やかな道を歩んでいる。その繰り返しで、階段のように進んでいくのが人生だと思います。

今でも一つの壁を乗り越えると、しばらくの間穏やかな日々が続きます。

しかし、また大きなプレッシャーや、難易度の高い仕事を授かる、そして精一杯、努力をして結果を残す。

人間は誰しも、人生の最後の息を吐き終わるときまで、つまり生まれてから死ぬまで、階段の連続だと今までの人生を振り返り感じるところがあります。

階段ですから、一つのプレッシャーを跳ねのけたり、大きな仕事を成し遂げたり、それまでできなかったことができるようになったり、どうしても心の中で引っかかっていたことから解き放たれたり、と一つの難関を越えると一段上のステージに上がることができる。そして平坦な気持ちになり歩んでいると、やがてまた壁が立ちはだかります。

その壁が立ちはだかったときに覚えておくべきなのは、一段上の段階に上がるためには、自分の努力でしか上に上がれないということです。

プレッシャーやストレスを感じながらも、淡々といつもと変わらないペースで情熱を持って歩んでいると、目の前に一本の細いロープが天から下りて来るのです。そのロープを自分の手でたぐりよせて、両の手で自分の力でよじ登らなければいけません。そのロープにぶらさがれば誰かが引っ張り上げてくれるわけではないのです。しかし精一杯努力していると必ず光ある道が見えてきます。

このことを別の言葉でたとえると、「人生とは日々、登龍門」と言えると思います。「龍門」というのは黄河の中流域の激流のことを指します。その激流を登りきった鯉が、龍になるといわれたことから、困難ではあるが、そこを突破すれば立身出世できるということなのです。龍とはすなわち仏であり、悟りを意味するわけです。そして滝を命を賭して登っていく鯉が、修行僧の心構えを説いています。

人生とは常に登龍門の繰り返し。マイナスのこともすべてプラスに転じていかなければいけません。どんなに辛いことが起こっても、それを自己の成長のための鍛錬だと捉えて、努力して前を向いて生きていこうとする姿勢、心構えが大切ということであります。

■成功するためのノウハウはない

しかし震災前の日本では、あまりにも満たされた生活が長く続いたせいか、「日頃から常に努力して、チャンスが来たら自分で摑まえ、自分の力でよじ登らなければならない」という生き方が忘れさられていたように思います。

先ほどの登龍門の喩えで言えば、今までは「どうやって滝を登ればいいのか」「楽なルートはどれか」「滝をうまく登るにはどうすればいいか」といった、要点を記されたような、自分で調べたり、考えたりする必要のない技術的知識や情報のみを求めてしまう社会だったような気がします。

滝を登る前に、より効率的な方法や楽なやり方を与えてもらい、頭でっかちになり、実際には登ってみようともしない。こうした傾向は、戦後、日本経済が発展するに従って強まっていったように思います。

しかし今回の震災で、それが変わっていく傾向を感じているのは私だけでしょうか。言い方を変えれば、理論や理屈ではなく、本質を求めて自らの実践において生きていくことが必要な時代だということに多くの人が気づきはじめたのではないでしょうか。

本や雑誌も、「こうすれば成功できます」「人生がうまくいきます」といったノウハウを語るものが世間ではうけて、たいへん多くの本が書店の棚に並んでいました。まるで「それを読めば成功できる」かのような錯覚を抱かせました。しかし本来、真に生きるとはそのようなものではないと思うのです。

「頭ではわかるのですが、実際なかなかできないのですがどうしたらいいんでしょう」と理論で生き方の道筋を求められても、実際に実践するしか道はありません。

上手でも下手でも精一杯生きてみる。「その人なりの人生において」挫折と挑戦の繰り返しの中、苦しみや悲しみの数の分だけまた喜びもあるものです。楽して、何かを得ようとする考え方から、自分の与えられた環境を受け入れ淡々と生きぬく中で、穏やかな心になるように転じていかねばなりません。

穏やかな気持ちと言いましても、私も僧侶になってから二十五年が経ちましたが、私が穏やかな気持ちになれたのは、ほんの数年ほど前のことです。そうなるまでに、二十年近くの歳月が必要でした。

■「こうありたい」と念じ、日々努力を欠かさない

私の昔の失敗談をお話しさせていただくことによって、何かしらの生きるヒントを得ていただけたら幸いです。

その失敗とは、修行時代にある一人の人間がどうしても理解できなく、悩みの渦にいた時代がありました。なぜかその人にだけは自分のやさしさや思いやる心を素直に表現できない人がいました。僧侶となり、修行が進んでくると、嫌いな人の数はどんどん少なくなっていったのですが、最後までその人のことだけは、どうしても受け入れられませんでした。

皆でヨーイ、ドンと真理を目指し修行がはじまりますが、個人の心の成長はさまざまです。中には自分のことだけしか考えていなかったり、自分が良くなるためなら人をけおとしてもという人と縁がある場合もあります。お寺といえども、すべてを悟った人ばかりではありません。迷いの中から真理を目指す人たちが集まって生活していくわけですから、会社や学校といった一般の方々の社会と何も変わりがありません。

しかし、そういう人と縁があった場合は大変な精神的な苦痛を感じてしまうものです。

現在の心境であれば、そうしたマイナスの出来事も、仏さまが与えてくれた試練と受け止めてプラスに転じることもできるわけですが、若い頃の自分には頭でわかっていてもなかなかできません。

「この人が嫌いだな」「苦手だな」と思っているのは、その相手に対して、執《と》らわれてしまっているからです。その人に執着してしまっているのです。その執らわれから解き放たれることで、精神的に自由になることができ、マイナス的なこともプラスに転じてより幸せに生きることができるようになります。

自分で自分に言い聞かせます。「お坊さんならばどんな人でも分け隔てなく付き合えなくてはならない」。まさに頭ではそう思っていてもできない。それにもかかわらず人に真理の道を説いたならば、言葉に力がこもってないことになるし、偽善者と言われても仕方がありません。

心がすっきりしないまま、迷いの渦の中で苦しんでおりました。

しかし、あきらめずに努力をしていると、ある日あるときに奇蹟がおきたのです。「今までこの人を受け入れられなかったのは、自分の心が小さいからなのだ」と心から懺悔した瞬間にその人に対してやさしさを素直に表現することができました。するとその人からもやさしい言葉が返ってきて、人を思いやることも呼吸と何ら変わらないなと思いました。

そして、「この人がいたからこそ、自分は成長することができた」と心から感謝したのです。その瞬間、マイナスの存在でしかなかったその人が、自分の成長のための存在だったということに気づいたのです。なぜ、そのような心境に至ったかというと、どんな人も嫌わず生きていきたいという気持ちを持ち続けていた結果、ある日自然にそれができていたのです。

言葉では表現できないのですが、それは自転車の乗り方を覚えたときの感覚と似ています。何度も転んでケガをしてがんばって努力しているうちに、乗れるようになったという感覚みたいなもので、いつの間にか頭で考えるのではなく、自然にできるようになっていた、としか言いようがないのです。

初めは何度も転んで、痛い思いをしても、「自転車に乗りたい」という意思を強く持ち続け、諦めずに練習するうちに、やがて誰でも自転車に乗れるようになります。一度覚えた感覚は生涯忘れません。しかしそうやって覚えた乗り方を、言葉や文字でうまく表現しなさいと言われてもできません。

それと同じく、自分の心も「こうありたい」と強く念じ続けて、そのための努力を日々重ね、自分なりに探求していけば、やがて挫折と挑戦を繰り返しているうちに、自分が望む心持ちが具現化されてきます。

■何事にも執らわれない

私はその嫌いだった人が好きになる経験によって、大げさに言えば、人生が一八〇度好転しました。今までの人生の行はこのためにあったのだ、と気づきました。お山の中での厳しい修行だけが行ではありません。この世に生まれて、そして最後の一息まで人生の行は続きます。

何事にも執らわれずに、日々自分の道を淡々と、真理に向かって歩いて行く。それだけのことなのに、なぜ迷いが生じるのか。人間は私をはじめ誰でも気ままわがままですから、どうしても自分の理想通りにならないと、そのことに執らわれてしまいます。

何かに執らわれていると、人生がとんでもない方向に行ってしまう場合がある。

自分が人生の悟りを目指す一艘の小舟だとします。真理の方向に向かって全速力で進んでいきたいのに、たとえば「あの人が嫌い」というたった一つの執らわれがあったとすると、重い何かを引きずって進んでいるのと同じことになります。たった一つの執着によって、自分自身の人生が意図しない、つまらない方向へ進んでいく場合があるから気をつけなければなりません。あらゆる執着を、忘れて、捨てて、許すこと。それが自分の人生を、幸せに生きるために、とても大切なことです。

どんな人に対しても、恨みや憎しみの心を持たないこと、もし持ってしまったなら、今日より明日と、少なくする努力が自分の人生に幸福をもたらします。

3. マイナスをプラスに転じる

■日々実践することの大切さ

先ほど自転車の乗り方を覚えることを喩えとしてお話ししましたが、気づきを得て、人生の道を迷いなく生きていく感覚と出会う瞬間は、一人ひとりの縁やタイミングによって別々です。真に生きようという道標をもとに、日常の生活の中で実践的認識の中で具現化してくるものなので、それを表現するには、非常に難しいところがあります。

仏教の禅の世界ではこれを「不立文字教外別伝《ふりゅうもんじきょうげべつでん》」と呼びました。悟りの世界を言葉や文字で表現するには限界があり、心から心に直接伝えられる、という意味です。

二千五百年前、お釈迦さまは難行苦行をされて、これ以上の苦行をしたら死んでしまうという境地にまで行かれました。

菩提を求めて、その結果、死んでしまっては意味がないのではないか。そう考えたお釈迦さまは、苦行を捨てて、坐禅を組み、瞑想にふけることで悟りを開かれたと言い伝えられています。

そのとき得た悟りは、ものすごく難しく、言葉で伝えられるようなものではないと考えたお釈迦さまは、誰にも説法しないと初めはお決めになられました。

しかし弟子たちから強く懇願されて、何とか言葉によって真理の世界を表現してみようと「初転法輪《しょてんぼうりん》」と呼ばれる最初の説法をはじめられたから、仏の教えが伝わったわけです。ご自身の悟りを言葉にたくし、皆にも穏やかな心になって幸せになってもらいたいという思いがあったからこそ、挑戦してみようと思われたのだと思います。

自分が悟るまでの行を「自利の行」とし、そこで得た悟りを他の人々に伝える活動を「利他の行」とされます。

修行の世界では修行をして、修行をし抜いて、修行したことさえも忘れてしまえ捨ててしまえ。また、そこで悟っても悟ったことさえ忘れてしまえ捨ててしまえ、そのことに執らわれるな、と言われます。

修行は険しい山に登ることと似ています。厳しい峰を登りつめたら、そこから降りてこなければなりません。それはなぜかと言いますと、修行し悟ったとしても、悟り得た知識だけで人を批判したり、是非の論でもって人を判断してしまう場合があるからです。

「行をして行を捨てる」これを脱落と表現しますが、すべてをふるいおとして初めて物事の本質が見えてくるのです。

修行者が命懸けで山を登って、高みにたどり着き、「これが悟りか」と思える心境を得たとしても、その高い山に一生いるのであれば、それは仙人と同じです。修行者は、悟りを得たら山を降りて、里に戻らねばならないのです。そして皆さんに自分の得た悟りをお伝えしていくことができてこそ修行の意味があるのです。

僧侶の修行は、それぞれに期間が定められています。

そしてその修行は、一日一日のつみかさねです。精一杯やっても、一日ただ何となく取り組んでも、一日は一日です。行の内容は変わらないかもしれませんが、どれだけ深く自分を見つめながら真剣に行じたかどうかです。それによって、その後の人生がプラスとなるかマイナスとなるかが決まります。

大学にたとえるならば、四年というみんなと同じく与えられた期間を、遊んで過ごすか、真剣に学ぶかはその人の生き方によるわけです。人一倍努力をして、研究を重ね、良い成績を残せば、当然良い就職先に勤めることができるでしょう。

たとえば医者を目指している学生が猛勉強して、努力の結果、医師国家試験に合格し大きな病院に就職できたとします。しかし、ただそれだけなのです。何が言いたいかというと、注射一本打つにしても、新米の医者より毎日毎日注射を打ち続けて実践の中でつちかってきた看護師さんのほうが上手なわけです。それと同じで、皆さんから頼られる医師になるまでは、時間がかかるのです。

いくら山で修行し抜いて、ある程度悟りを得たとしても、それはただ頭の中の知識として得ただけのことです。実践が伴っていません。社会の中でいろんな人と出会い、触れ合っていく中で、また自分が磨かれていくのです。

お坊さんは、冒険家でも探検家でもありません。どれだけ厳しい修行をしたかとかではないのです。その中でいかに自己を見つめ、手を抜かず行と向き合ったかどうかなのです。

■「重し」としての修行期間

そして、山の修行で得た自己研鑽の成果を、本物にするためには社会の中でいろんな人と日々出会い、共に悩み、共に喜び、共に生きることが大切なのです。

修行をある程度積んだ人に起こりがちなことですが、山に数年間こもって修行して、里に降りて来ると、仏法だとか善いことだけに執らわれて人を非難してしまうことがあります。これを法執と言い、それにこだわり、振りまわしてしまうと、人を傷つけてしまいかねない。だから山から降りて来て、世間でしばらくの間揉まれて、自分なりに反省し気づいたことを、さらに深めていくことがとても大切なのです。

禅の世界ではこの悟った後の修行を、悟後の修行または〝聖胎長養《しょうたいちょうよう》〟と言います。

たとえば洗たくをしてよごれをおとしたとしても、しっかりと洗剤を流しきらなければ干したときにシミになってしまうように、しっかりと修行しぬいてその中で得た悟りを里において日常とリンクさせて、自然体で生きられるようにならなければなりません。

私の体験から申しますと、お坊さんの修行は、まず十年間は厳しい環境の中で徹底的に自分の身をもって体験しなければなりません。その間は、師匠や先輩からたくさん叱られ、自我を捨てさり、そして十年経ったら、さらにその後の十年、世間の皆さんから悪いところ、おかしいところを指摘してもらい、二十年経った頃にようやく世の中の人から、褒めていただける、感謝の言葉をいただける。その言葉がさらに自分を励まし、良い人生につながっていきます。

漬物にたとえると、修行期間というのは「重し」をかけられている状態です。難行苦行や、お師匠さんや先輩からのお叱りを受けるからこそ、だんだんと自分のいたらないところに気づいていきます。

収穫したばかりの野菜は塩をふって重しがないと、良い漬物にはなりません。しかし逆に、いつまでも重しをかけ続けていたら、漬物はしなびてしまいます。程良い塩梅に漬かったところで重しを外さなければならない。

修行も同じです。ある期間、「重し」が必要です。精神的なプレッシャーや難易度の高いハードルが目の前にあらわれ、それを乗り越えてこそ自己の成長につながります。

■人生は良いことも悪いことも半分半分

東日本を襲った地震と津波は、言葉にできないほど悲しく、歴史に永遠に残るような災厄をもたらしました。であるなら、生き方においては、まずこの現実を受け止めるしかありません。そして、残された私たちはいろいろと、反省すべきところは反省をし、前を向いて明日に向かって強く生きていかなければなりません。

人生は良いことも悪いことも半分半分。良いことばかり続くと、気ままわがまま、傲慢で身勝手な人間になってしまいかねません。今回の震災を人生の「重し」と受け止め、プラスに転じていかなければなりません。

辛い体験や、気持ちがひどく落ち込むようなことでも、自分の心をプラスの方向に転換していくことが必要です。

人生は、欲を言ったらきりがありません。いつも、満たされすぎていると小さな幸せがおとずれても幸せと感じなくなってしまいます。

このマイナスのことをプラスに転じなさい、という考えは、二千五百年前にお釈迦さまがインドのハシノク王という当時の王に説かれた教えです。

人間の生き方には四種類しかいない。光から闇へと生きてしまう人。闇から闇に生きる人。また、闇から光へ生きる人。そして光から光ある世界へ生きる人。

この四つの生き方の中で、どれが幸せかは明らかです。

光ある世界と闇の世界とがあるとすれば、人は誰しも光ある世界へと続く生き方をしたいと願っているものです。光ある世界に誰もが行きたいと心の奥底では願っている。

だからこそ、今自分が置かれている環境において、どうしても闇としか思えないようなことでも、人生の重しととらえて、辛いことも悲しいことも跳躍台として、今、目の前にあるハードルを乗り越えて生きていかねばなりません。

この震災によって一人でも多くの日本人が、マイナスの方向からプラスへと転換し、皆で力を合わせ生きていかねばなりません。また、お亡くなりになられた方の分まで精一杯生きて、生き抜いて強く生きていかなければなりません。それがお亡くなりになられた方々への何よりの供養になるのではないでしょうか。

■人を褒めることの本当の意味

一つひとつを乗り越え、成長を遂げて人から褒められたときには、心から喜びを感ずるものです。

先日のＮＨＫから出演を依頼された番組は、私にとって、ものすごく大きなプレッシャーのかかるものでした。どうすれば被災者の方々のためになる表現ができるだろうか、迷いと混沌の中で自分の言葉を探し求めました。

収録が終わった後には、自分のすべてを出し切った気がしました。今の自分ができることはすべてこれでやり切った。そう感じたので、「放送日も知らせないでいいですよ」と言って、今、自分がなすべきことをなすという気持ちで淡々と生活しておりました。

すると後日たまたま、番組を見た弟子の一人が、ふだんは口数が少ないのに、「たいへん感動しました。被災者の立場に立たれたご発言がすごく良かったです」と言葉を連ねて褒めてくれたのです。

思いがけない言葉でした。私にもっとも近い場所で生活している弟子が、そのように言ってくれたことに対して、私もすごく嬉しく思いました。人間はいくつになっても褒められれば嬉しく思い、「またがんばろう」と元気を得ることができます。他人のために生きることで、感謝されたり喜ばれたり褒められたりする。それによって自分自身がまた成長する。どんどん人生が楽しくなっていく。

この経験は自分に新たな気づきを与えてくれました。

「人を育てる」ということについて、あるときから長い間、考えていたことの結論が得られたのです。

二十五年前、私が僧侶になって吉野の寺に入ったばかりの頃は、お師匠さんも先輩の僧侶も非常に厳しく、上下関係に厳しい時代でした。

あるときお師匠さんを囲んで、人の育て方について先輩の僧侶が二人で討論したことがありました。一人は「厳しくなければ人は育たない」と主張し、もう一人は「人は褒めて育てなければならない」と反論しました。他の修行僧はその議論を黙って聞いていました。

議論は平行線を辿り、そこで師匠はこうおっしゃいました。

「叱るときは厳しく叱らなければならない。修行僧のご機嫌を取っているようでは修行にならん。ところが今の学校教育もご機嫌を取っているような状態だからいかん」

実際、お師匠さんは死ぬまで厳しい人でしたが、その反面、素晴らしい師弟愛があり、心から尊敬できる人でした。

褒めて育てる先輩の下についた僧侶は、作務などでも確かによく働くようになります。だからお寺としても、結果的には褒めて育てたほうが簡単だし都合がいいわけです。

しかし、そのような環境で育てられた人間は、与えられるのを待つ、指示を待って行動するため、自ら求道心、探究心を持って成長していくという強さがない。そして壁にぶちあたったり、プレッシャーを受けたときには何もできなくなるという共通点がありました。

だから私は「褒めて育てる」という言葉に違和感を覚えていました。一方で厳しく注意するだけでも人は育ちません。褒めると人が育つのは確かなのです。

いったいどちらが正しいのか、長い間わかりませんでした。しかし、NHKの番組を見た弟子から褒められて嬉しさを感じたときに、はっと気づいたのです。

「そうか、褒めて育てるという言葉に違和感があったのは、そこに作為的なものを感じたからだ」とわかったのです。本当に褒めるべきことをしたなら褒めるべきですが、「褒めれば育つから、褒めてやろう」というのは本末転倒です。

まずは世のため人のために生きたとする。するとみんなから褒められて、嬉しくなる。人は褒められるとすごく嬉しくなって、またがんばろうという気持ちがわいてくる。

つまりプレッシャーを何か一つ、努力をして跳ねのけて、結果が得られ、そこで初めて人から感謝されたり、褒められることが大切だと気づいたのです。やみくもに人を褒めるのではなく、本当に努力をし結果を出したときには、どんな人にでも、「がんばったね、素晴らしかったよ」と褒めてあげる。

そしてお互いが尊重し合いながら、同じ視線に立って心と心、全人格をぶつけ合いながら、親の心をもって、正面から一人ひとりと向かい合って育てていく人作りの大切さ、その必要性を強く感じます。

昔の教育には厳しい中にも、言葉に尽くせないほどの敬慕の情や、師弟の絆があり、それぞれの自己を成長させ、この国の精神文化を高めてきたのだと思います。

■日本人よ、自然に帰ろう

また、感謝の念ということで言えば、人に対してだけではなく、大自然に対しても持たなければならないと、今回の震災を通して改めて感じました。

もしかすると、私たちは今まで大自然が怒るようなことばかりしてきたのではないでしょうか。

私たちにとって、空気と水と光がなければ生きていけません。その大切な空気や水や光を、ここ数十年、あまりにも心なく、汚し続けてきたのではないでしょうか。その結果、大切な光でさえも、紫外線という危険なものが私たちに降り注ぐようになってしまいました。

日本中、昔はその辺に流れている小川の水を汲んで飲むことができましたが、今ではとてもできません。また、石油をどんどん燃やしたり、森林を伐採しすぎたり、地球全体のバランスを崩してしまうようなことをたくさんしてきました。

その責任は私たちがあまりにも便利さを追求してきた結果だと思います。風の流れや天候も異常と言われていますが、もしかすると、大自然が元に戻そうとするメッセージに思えることがあります。また、今回の地震は東北で起きたのですが、またいつどこで起こるかわかりません。

自分が住んでいる地域で、いつ今回のような巨大な地震が起こるかわからない。当然来ると思っていても、来ないかもしれない。そうした「もしも」が現実となることを、この度の震災は教えてくれました。

都会に暮らすことを辞めて、田舎暮らしを選ぶ人も増えているそうです。

企業の組織改革で有名なコンサルタントの山田日登志先生とお話ししたときに、「塩沼さん、この日本を救う方法はあると思いますか?」と尋ねられました。

私は「あります」と答えました。「大都会に住んでいる人の多くが、自分たちのルーツのある田舎に帰って、いろんな仕事をもちながらでもいい自給自足に近い生活に戻ることです。都会から分散して、生きていくことだと思います」と言いました。

すると先生は、「じつは私もそれしかないと思っているんです」とお答えになられました。「そうすれば一ドル四〇円になっても三〇円になっても大丈夫だな」と笑っておられました。

今現在、都会にお住まいの方々のほとんどは、「田舎に帰っても火をおこす方法も知らない。種からどうやって作物を作っていくかもわからない。だから田舎に行って暮らすことは難しい」と考えてしまうのでしょう。

しかし、再び大きな震災が起きて、今のようにたくさんの人が都会に住むことが現実的に難しくなってしまったら、否応なく田舎に暮らさざるを得なくなってしまう時代が来るかもしれません。

東北の大震災からしばらくすると、一時的に被災地や日本は安定し、上向きになるでしょう。

しかし、今後の見通しとして、多くの日本企業が海外脱出し、国内雇用が失われ、来年、再来年にも経済的にはもっと厳しい状況に陥るかもしれないという見通しもあります。それでも、耐え忍ぶことができる生活スタイルを早期に実現することが望ましいでしょう。

畑を耕して自分で食べる食物を作る。暖房は薪ストーブや囲炉裏を使い、食べるもののほとんどを自分で作った野菜や米などで生活をする、これが日本です。

家と畑と林に囲まれた暮らしが、日本の原風景です。日本人はその原風景に帰らなければいけない時期なのです。

昔の日本人は、そのほとんどが農民でした。武士も商人も、半農の生活をしていたのです。戦国時代までは武士も農業が忙しいときには戦をやめて帰って来ていたのです。

■農村の暮らしは危機に強い

「農業なんて格好悪い」「まだ都会で生きていたい」という時代もありました。人類の歴史を振り返ってみても、これだけ多くの人々が都市に住むようになったのは、近代に入ってからのことです。

都市に人間が増え、集中するようになっていくと、そこでは農業生産が行えませんので、食べ物や生活必需品を交換するために、お金の役割が大きくなり、貨幣経済が発展します。そこから会社という組織が生まれ、経済活動の中心を担うようになります。

田舎から出てきた人は会社で働くようになり、会社という集団がそれまでの村のつながりの代わりになります。実際、日本の高度経済成長は、そうした村社会の代わりとなった会社集団によって達成されました。

しかし会社というのは利益を出すことが目的の集団ですから、そこで働くうちにどうしても、人のことを蹴落としてでも自分の目標を達成しようと思うようになってきます。利益を追求するうちに、目的至上主義になってしまいやがて人と人との絆が薄れていったのです。

また、会社が中心になった経済の結果として、農業や畜産、漁業や林業といった第一次産業に従事する人が減ってしまったことも大きな問題ではないでしょうか。

今回の震災でガソリン不足からさまざまな物資が滞り、都市部のスーパーでも品物が消えるという状況になりました。今回の大震災後、私の村にまで、お米を売ってくださいと都会から訪ねて来られた人がいたくらいです。

そのような危機においてもっとも大切なのは、食べ物をいかに確保するかです。その意味で農村の暮らしは明らかに都市での生活より危機に強い、ということが実証されたと思います。

ここ数年、日本は食料自給率の低下が問題にもなっていました。この震災をきっかけに、第一次産業をもう一度見直し、若い人たちがどんどん働き手となるような社会を作っていくべきだと、考えられます。

これまで若い人は、東京などの都会へどんどん出て行きました。それは、都会が魅力的だったせいもあるでしょうが、一方で、田舎が暮らしにくいという側面もあったと思います。

しかし、田舎の良さを再認識して、若い人に戻って来てもらう、あるいは新しい人に入ってもらう。震災前に、都会暮らしと田舎暮らしを天秤にかけると、都会暮らしに傾いていた人でも、震災以降は平行になりつつあるのではないでしょうか。

私の住んでいるお寺は、近所の一番近いお店まで四キロ近くあります。しかしお米やお味噌やお豆腐も、十分にあります。皆で野菜などを分け合いながら生活しております。今年もたくさんのイモを収穫しようと思ったら、イノシシに八割食べられてしまいました。その噂を聞きつけた村の人からはイモのおすそ分けがあります。

人間らしい暮らしを取り戻そうと思うなら、どこかで見切りをつけて、都市と農村とのバランスを取り戻す必要がある。そのふんぎりをつける時期に来ているのではないか、と私は感じています。

■「いつか」に備えて日々を過ごす

自分の暮らしを見つめ直そう、都市から農村へと生活を見直そう、というのは言い換えれば、「日本人としての原点に戻ろう」ということになります。

東京で働いている知人は、電車が止まって寒い夜中、自宅まで十数キロ歩いて帰宅した際に、「今まで当たり前だと思っていましたが、電車が止まったら、歩いて六時間近くかかる場所に毎日働きに出かけていたということに、怖さを感じた」そうです。

真剣にこれからの生き方について考えようと決意した人は、あの瞬間、おそらくたくさんいたに違いありません。それが哀しいかな、時間が経つうちに少しずつ忘れられてしまう。また、危機感も薄れてしまう。

震災直後の一カ月間の感覚を決して忘れずに、日本人全員が生きていくべきではないか、いつでもあのとき感じた「原点」に戻らなければならない、と感じます。

自然はいつまた我々に巨大な災害をもたらすか、わかりません。それは今日かもしれないし、明日かもしれないし、数十年先かもしれません。しかしいくつものプレートがぶつかり合う地域にできたこの島国では、いつか必ずまた起こるのです。

今回の地震も「三十年以内に九〇％以上の確率で起こる」と言われていて、実際に発生しました。関東、東海、南海地震も、かなり高い確率で起こると言われています。

「明日八〇％以上の確率で雨が降ります」と言われたら誰でも傘を持って外出します。日本人は歴史のある、優秀な、素晴らしい民族だと私は思います。私たちは今回の教訓を決して忘れずに、やがて来る「いつか」に備えて日々を過ごしながら、かつての日本の原点に立ち戻るような生活を送らなければなりません。

■人々の生活に密着する仏教に

さて、本章の最後に、自戒の意味も込め、人々の心の拠《よりどころ》となる私たち宗教者も、本領を発揮しなければならない時代が来たことを述べておきたいと思います。

ご存知のように、今日まで日本という国はいろいろな文化や宗教を受け入れてきました。たとえば、生まれたときにはお宮参りをし、結婚式では教会に行き、先祖の供養のときにはお寺さんに足を運びます。私たち日本人は他を排斥せずに、受け入れて、そして最良の方向性を見出していくという素晴らしい精神文化を受け継いでいるのです。

そして日本の仏教の特質は何かと言いますと、飛鳥・奈良時代に、もともと日本にあった神道を仏教が融合調和したところにあります。日本を知るうえでは、まずこの神と仏の折衷融合を理解しなければなりません。

その後、最澄と空海が密教をとり入れ、庶民にも仏教が広まり、鎌倉時代になりますと、各宗派の祖師となる道元、日蓮、栄西、法然、親鸞などの教えが広まり、仏教が人々の心の拠となりました。

その後、仏教は人々の生活に密着して存在していたのですが、江戸時代に入り、骨抜きにされます。それは、檀家制度によってです。檀家制度を寺に導入したのは、徳川家康とそのブレーンだった天海僧正でした。

当時、幕府にとって一揆を起こされることは、とても厄介なことでした。

「宗教には民衆を扇動する力がある」と見抜いた彼らは、弾圧するよりも、檀家制度により安定的な収入を寺にもたらす仕組みを作り上げたのです。

それまでは、お坊さんは一心に修行をし学問に励まなければ、人が集まって来なかったわけです。いわゆる、布教の自由競争があり、それぞれが精進していたのです。

お寺は本来、人々の中に入っていき、お役に立つために存在しなければなりません。しかしその力が江戸時代に失われました。その後さらに明治維新において、廃仏毀釈《はいぶつきしゃく》が行われ、寺はますます弱体化していきました。

そして現代に至っては「なまぐさ坊主」「坊主丸もうけ」など、私たちお坊さんは陰で言われていることも事実であります。

昔から「医者と坊主を大事にせよ」ということわざがあります。医者は病気を治し、お坊さんは心の病気を治す。正に現代の人々の心の拠となれるようなお坊さんにならなければいけないということです。

お寺というものは、檀家制度導入のずっと前の、本当に人々の生活と共に仏教があった時代の原点に戻らねばならないと思っています。

日本の仏教の世界もこの震災が大きな転換期であると感じます。これまでのように、「昔、誰々はこう言われました」といったおとぎばなしのような説法をして、形式化した法要や儀式を行っている時代には終止符をうたなければなりません。

お寺にアーティストを呼んでコンサートをしたりするのが、「新しい寺の形」だとしてもてはやされるような風潮もありましたが、今そんなことを得意げに行う時代は終わりにしなければなりません。かろうじて、三月十一日まではそれが通った時代でした。

しかし、壊滅的な被害を受けた人々や真剣に生き方を求める人々にとって、そんな生温いことでは、皆さんも喜ばないし、心の拠としてお寺さんを訪ねる人もなくなるでしょう。

昔のお坊さんのように、人々と同じ視線で、共に汗し涙し、共に喜び、共に悲しみ、皆さんから親しまれ、尊敬されるような存在にならなければならないと思います。宗派や宗義の論議より、是非の云々を机上で論じているより、一致団結しなければなりません。

いつの時代においても、人々に生き方を示す宗教は、大きな役割を担っています。今の時代こそ、鎌倉時代のように、社会を教化するようなお坊さんが、この日本からたくさん出てこなければなりません。そして、それぞれが切磋琢磨して、より良い社会になるように、人々を導く姿勢を示していかなくてはなりません。すべてを原点に戻して、人間の根源的苦しみをいかに転じて、生きる素晴らしさを伝えきることができるかが、宗教者の使命であり、そして、また一人でも多くの日本人がそこに気づいて、それぞれの人生を大切に生きていただきたいと切に願っております。

二

精一杯生きる

人生のあり方を問う76のメッセージ

「人生とは何なのか」「生きるとはどういうことなのか」と思いをめぐらせることは誰にでもあると思います。勿論、自分にとって良いことばかりでは、自己の成長につながりません。辛いこと、苦しいことを一つひとつ乗り越えてこそ、良い結果がもたらされます。

昔、お釈迦さまが、このように説かれました。

「過去を追うな。未来を願うな。過去はすでに捨てられた。そして未来はまだやって来ない。だから現在のことがらを、それがあるところにおいて観察し、揺らぐことなく、動ずることなく、よく見極めて実践せよ。ただ今日なすべきことを熱心になせ」

人は、決して一人では生きていけないし、いろいろな人とのかかわりの中で生きております。時には迷惑をかけ、また、かけられながら、それによってお互いが成長します。

私はあるとき、このように思ったことがありました。

地球という修行道場で、それぞれが人生という行を行じているのではないかと。そう考えると、人を恨まず、憎まず、忘れて、捨てて、ゆるして、感謝の心を持って生きていかなければならないと感じたのです。

それぞれに与えられた〝定め〟の中で、思いやりや優しさを素直に表現してみたとき、今までにない満たされた心の幸せに包み込まれるような感覚を体験できるものです。

呼吸をするとき、息をはくから、息が吸えます。優しい言葉や笑顔も、相手の人に与えるから、その優しさが返ってきます。呼吸も人を思いやる心も変わりません。

しかし、初めからうまくできる人はおりません。ただ、その一瞬一瞬をそうありたいと願い続ける心が大切です。何でも簡単に答えが出たのでは成長につながりません。周りの人から、あの人と一緒にいると、何か優しい気持ちになれると言われるような人になれたら、とても素晴らしいことだと思います。

また、この日本にそんな人がたくさん増えていくことが、一人ひとりの心の潤いにつながります。心が潤っていれば、困難が訪れても、みんなで力を合わせて乗り切ることができます。

戦後間もない頃の何もない時代に、不便ながらも互いに助け合い必死に生きていたあの頃の原点を、ここ数十年、忘れていたのかもしれません。

そんな反省のもとにもう一度、人と人との絆を紡ぎ合っていかなければなりません。絆は紡ぎ合うことにより、より強い絆となるのです。

山に囲まれた田舎で畑を耕したり、日常生活の中で、ふとした瞬間に浮かんだ言葉をまとめてみましたので、ご紹介させていただきたいと思います。

何か一つでも、皆さまの人生のお役に立つことがあれば幸いです。

1. 一歩一歩、前に進む

〔一〕

人生良いことも悪いことも半分半分。
良いことばかりを求めず、
今なすべきことを、ただなすのみ。

〔二〕

手を抜けば、必ずそのつけがまわってきます。
誰でも知っているとても当たり前のことですが、
後悔する人がとても多いことも現実です。
一日一日、そして一つひとつをどのような心構えで
積みかさねるかということは、まさに人生の行であり、
ここが基本となります。

〔三〕

精一杯やっても一日は一日。
いやいややっても一日は一日。
一カ月や二カ月ではたいした差にはなりませんが、
一年経てば三百六十五の差が出てしまう。

〔四〕

「自分なりに努力しているつもりなんですが……」と言います
が、自分に対する点数は甘いものです。
人間は精一杯がんばったと思っても、本来持っている力の
わずか数パーセントしか使っていないそうです。

〈五〉

たとえ九十九駄目でも、たった一つでも

心の中に「がんばるぞ」という気持ちを持ち続けることです。

その心がやがて二となり三となり、勢いがついて、

どんどん加速して元気になっていきます。

〔六〕

あせらないことです。
時間がかかるときがあるかもしれませんが、
時間が手助けをしてくれていると思うことです。

〈七〉

青春と呼ばれる若い頃は勢いがあり、
自分が正しいと思ったら、
まちがっていても突っ走ってしまうものです。
若き頃の「我」の強さを
「芯」の強さに変えていかなければなりません。
一つひとつの出来事を慎み深く、周りのことを考えて
判断できる自分づくりをしなければなりません。

〈八〉

伸びる人と伸びない人との違いは、
まず言い訳をするか、しないかです。

〔九〕

人生の流れの中で出会う縁ではなく、
自分から欲を出して仕かけた縁は、
「策士、策におぼれる」というように、
策を弄しすぎて逆に、一年後、三年後、十年後、
自分がまいた種で苦しむことがある。

〈十〉

「昔はよかった」と口にしてしまいますが、
こういう時代になってしまったことを
憂えてもどうにもなりません。
ここはきっぱりとあきらめて、
昔のそろばんにたとえますと、
ご破算にして仕切り直しをして、よく反省することにより、
ここから得るものがたくさん出てくるはずです。

〔十一〕

人から何か指摘を受けたときは、
二度と同じあやまちをしないようによく反省して、
明るく元気に、素直に受け止める。
これが迷いの世界から抜け出すコツです。

〔十二〕

変な自尊心があり、みんなから笑われないように
上手にしようとすると、緊張してしまいます。
肩の力を抜いて、ある意味開き直って
精一杯心を込めてさせていただくという気持ちでいると、
感動が生まれます。
技術や経験でなく、そのときの心です。

〔十三〕

三年、五年と同じことを続けることにより、信頼を得ます。
十年、二十年と続けても、
たった一回でも手を抜いたらおわりです。
たった一瞬でも、
人としてやってはいけないことをやってしまったら、
愚か者と人から蔑まれることになります。

〔十四〕

長期間にわたり何かをなすときには、
調子がいいときには抑えて、
調子が悪くなったときのために
力を温存しておかなければなりません。

〈十五〉

どんなアクシデントがあってもいいように、
「仕事は早く丁寧に」を心がけ、
時間の貯金をしなければなりません。
何かあってから対応したのでは、後手になります。
どんなことがあってもいいように、
必ずゆとりを持つこと。
これが長い間何かをなすときの秘訣です。

〔十六〕

チャンスというものは、ある日突然どこからともなく、
誰にでもやって来るものです。
そのチャンスを、生かすも生かさないも自分次第です。
ふだん、チャンスを望みながらも、
なかなかその準備をしないものです。
毎日が、自分の成長のためのチャンスです。
その日、そのとき、一日一日がすべてチャンスです。

〔十七〕

夢は努力の結晶で、叶うときがあるでしょう。
その夢が叶ったとき。そこから先が大切です。

〈十八〉

「しなければならない」とか「やらされている」と思えば、
どんどん心が枯れてきて、卑屈になってしまいます。
しかしまったく同じ環境でも、
自分の気持ちで進んで乗り越えさせていただこうと思えば
いい縁も広まってくるし、自然と笑顔になって、
自分の周りの人たちも楽しくなってくる。

〈十九〉

自分の今の環境が30点だとすると、残りの70点を求めて
「もっと欲しい。どうして自分は不幸なの」と、
つい不満を持ってしまいます。しかし足ることを知り
「30点もありますから、感謝です。
何もないより、ありがたいです」
という心を持つことにより、人生が大きく変わります。

〔二十〕

旅に出たら必ず家に帰ってくるように、そこが原点です。
そしてまた旅に出る。
自分自身を見失わないように、いつも原点に帰ることです。

2. あせらなくてもいい

〈一〉

どんな石でも磨けば必ず光ります。
人は生まれて来たときには皆原石です。
あの世に行くまで磨き続けることが、
人生の行であると思います。

〈二〉

「正直者は馬鹿を見る」という言葉がありますが、
損得を勘定すれば、
一時的には損に見えるかもしれませんが、
正直に生きていれば、それが徳を積むことになり、
最後には正直者が幸せになるようになっているようです。

〔三〕

歩みを止めたら旅は終わります。
歩み続けるからこそ、旅が続きます。

〔四〕

山の苦行だけが苦行ではありません。
たとえば、自分の嫌いな人に
優しい笑顔と言葉を施すほうが、
もっと辛い苦行かもしれません。

〈五〉

「やらされている」と思わないことです。
行をやらされていると思うと、
どんどん卑屈になってしまいます。
どうせ受ける苦しみは一緒です。
あえて自分から苦しみの中に飛び込んでいくような、
前向きな考え方をしていると楽しくなってきます。

〔六〕

苦難が襲ってくるたびに
「おー危なかった」
「もう少しで死んでるところだった」と
苦笑いしながら歩いています。
志を楽しむといいますか、大自然との駆け引きを楽しむ
日々でしたが、大自然を甘く見たり、あなどっていたなら、
今ごろとっくに命はなかったでしょう。

〔七〕

しかしその一方で肉体面の維持では、
冷静なペース配分をしていました。
自分の体力とは燃料みたいなもので、
分量が決まっています。
その燃料をいかに上手に使いきるか。
それが成功への大きな鍵になります。

〈八〉

何でこんな苦しい目に遭わなければならないのかと思うと、
不平不満が出てしまいます。
逆に苦難に遭ったとき
「これが自分の日常なんだ」と考えるようにします。
すると一種の暗示効果で
「あっこんなものか」と思えてきます。

〔九〕

山で修行した人だけしか悟れないというものではない。
それぞれの生活の中で、それぞれに与えられた
役目を果たしていく中で、目を凝らし、耳を澄ませ、
心を清らかにしたとき、いろいろなことが悟れるものです。

〔十〕

人生は時として、鉛でできた下駄を履いて、
山を登るようなものだと感じたときもあります。

〈十一〉

気づいたときには、すでに人生がはじまっています。
舞台やお芝居ならば、練習があり本番がありますが、
人生というものは気がついたときには、
すでに本番がはじまっています。
そして、台本すらありません。

〔十二〕

お寺の修行というのは、日々同じことの繰り返しです。
何故繰り返し同じことをするのかと言いますと、
同じことを繰り返し行じていると、
悟りにいたる可能性があると、
昔から言われているからです。

〈十三〉

何のために行をするのかというと、自分の心の悪いところを少しずつ削っていくこと。そしてその心の器を少しずつ広くしていくこと。まだ見ぬ自分を発見するためのもの、その手段とでも言うべきでしょうか。

極論で言えば、人は水のように空気のように、そういう存在にならなければならないということに、だんだんと気づいてきました。

〈十四〉

崖っぷちに咲いている花は、その場所まで行かないと
見えません。どんな望遠鏡を使っても見えません。
だから自分で歩いていかなければなりません。
歩いて行った人だけが、やがて見えてくるものです。
正理《せいり》に生きて行こうと実践した人だけが、
やがて見えてくるものです。
そのために修行があります。人生という修行があります。

〔十五〕

千日回峰行に注ぐ情熱は、
一体どこから生まれてくるのだろうと思うくらいでした。
嫌だなと思う日、行かなければならないと思う日がないほど、
一心不乱に行に立ち向かっておりました。
そんな自分を支えてくれたのが、家族の絆でした。
皆で力を合わせ生きて来た絆が、みんなの思いが天に通じて、
不可能を可能に導いてくれました。

〈十六〉

はじめのうちは「何とか悟らねば」「もっと、もっと」と肩に力が入って、変な力を使っておりましたが、だんだんと自分の存在が大自然の中で、いかにちっぽけなものか気づきます。人間は雨を降らすことも、風を吹かすこともできない存在である。けれども大自然の中の、かけがえのない一員なのだと気づいてからは、無駄な力の入らない、いい歩き方ができるようになりました。

〈十七〉

雨にうたれ、雨に感謝をし、
風にふかれて、風に感謝をする。
山の行とは、ただこれだけのことです。

〈十八〉

前向いて流れに乗り舵をとるしかない。
いくらくやんでも時間は後戻りしない。
川も時間も一つの方向にしか流れない。
生きているからこそ苦しみも味わえるもの。
あせらなくてもいい。
やり直し、たて直しは何度でもできる。
命がある分まだまし。

〔十九〕

誰かが切り開いた道にはデータがあり、
チャレンジにはデータがありません。
そこに成長のポイントがあります。

〔二十〕

人生はあらゆる可能性に充ちあふれています。
善く生きる可能性、悪く生きる可能性。
すべては今の自分の心しだいです。

〔二十一〕

強くなんかない。清くなんかない。
唯そうありたいと、願い続けているだけ。
人の一生はみじかい。いかなる道を歩もうか。
思いなやむことなく、唯この道をひたすらに。

3．人と人との絆

〔一〕

みんなのためにと思って行動しているときに、
何か一つのことにとらわれすぎると、
周囲との隔たりができたり、ものごとが裏目に出て、
逆にみんなに迷惑をかけてしまうことがあります。

〈二〉

困難をかかえているときこそ、明るく軽やかに、そして
のびのびとした心でいたいというイメージをすることです。
それは自分だけが、つらく苦しいことに耐えているのだ
という姿を、みんなが見ても誰も元気にならないし、
人も運も寄って来ないからです。

〔三〕

目標ばかりにとらわれてしまうと、
つい身近にいる人との絆や、
思いやりの心を忘れがちになってしまうものです。

〔四〕

苦しいときこそ精一杯、
周りの人に思いやりの心を持つことです。
野に咲く一輪の花のように、雨や風に耐えながらも、
いつも微笑んでいることです。
その姿に人は感動し、喜んでくれます。
そしてその功徳が、まわりまわって自分の心を潤します。

〔五〕

他人に対し、つめたく心ない言葉をかければ、
まわりまわって自分にかえってきます。
誰にでも分け隔てなく、やさしい言葉をかければ、
まわりまわってやさしさにつつまれた人生になります。
こんな当たり前のことができずに、
苦しんでいたときもありました。

〔六〕

もともと日本人は優秀な民族です。
人を思いやる和の心があります。
この心でもって、まずは家庭から、そして
縁のある人たちから、原点回帰への一歩を踏み出さなくては
ならない時期であると思います。

〔七〕

今このように存在する私たちには親がいて、その親たちにも
また親がいて、私たちは先祖とつながっています。
そうした先祖や大自然に対し、心より尊ぶ気持ちや
感謝の心をもって、生きる命を授かった人としての
〝間〟を大切にする。
これが人間の生き方ではないでしょうか。

〈八〉

無邪気とは、邪《よこしま》な心がないということですが、
かつて私たちには、誰にでも優しく、
素直な心があったはずです。

〔九〕

自分の思いを伝えるには、
心と言葉と行動が伴ってこそ、真実が伝わります。
どれか一つ欠けても真心は伝わりません。

〈十〉

「はい」という一瞬のことばの響きで、
今の自分の心の状態が、すべて相手に伝わっているのです。

〔十一〕

昔の偉い人は、自分のことを指摘してくれる人を必ずそばにおいていたそうです。

自分の心の向上を望むかぎり、聞きたくないこと、言われたくないことを言ってくれる人が必要です。

〈十二〉

自分が正しいからと言って、
強さが先行して優しさに欠けたり、
心配りが足りなかったりすると、
陰で涙を流す人がいたりします。
ちょっとした加減で微妙に変化する人生は、
方程式のように毎回同じようにはいきません。

〈十三〉

「何が良くて何が悪いのか、わからなくなってきた」
という場合、一つの考え方として、
みんなに喜んでもらえることが良いことで、
人を悲しませることが悪いことと考えてみると、
見えてくることがある。

〔十四〕

他人の悪いところはよく見えるものですが、
「人をもって鑑《かがみ》となす」と言うように、
他人を見て自分のいたらないところを反省し、
参考とさせていただかなければなりません。

〔十五〕

人と人、心と心が通い合っているときの喜びとは、人生の中で一番の喜びであります。

この喜びを得るために人生があり、試行錯誤しながら、人それぞれの旅を続けているのではないでしょうか。

〈十六〉

いくら神仏に手を合わせていても、
都合のいい人には笑顔、気に入らない人にはそうでない。
そんな行いを神さま仏さまは、
天からすべて見ておられます。

〈十七〉

幸せだなぁと思っている人。不幸だなぁと思っている人。
辛い中でも幸せと感じている人。
幸せの真っただ中にいても不満ばかり言っている人。
人それぞれの幸せの基準は違うみたいです。

〈十八〉

前のたった一人の人を喜ばせることができたならば、どれ程素晴らしいことでしょう。

4. 幸せとは何か

〈一〉

人は苦しむために生まれてきたのではありません。
苦しみの中から喜びを得るために生まれてくるのです。

〈二〉

空気もあり、水もあり、おてんとうさまが
毎日東の空から昇ってきて、ごはんとお味噌汁がある。
この日常の当たり前の奇蹟に感謝をし
「幸せだ」と思うことです。
人と比べて上を見ればきりがありません。

〔三〕

朝起きたら、
「今日も一日無事でありますように」と手を合わせ、
一日の生活の中で善いことをして悪いことをしない。
そしてその日、何ごともなく無事にすごせたならば
「今日も一日ありがとうございました」と
感謝をするということ。
これだけでも立派な信仰だと思います。

〔四〕

お賽銭箱に十円玉を入れる人も、百円玉を入れる人も、
神さま仏さまは分け隔てしません。
自分のできる範囲の気持ちでいいのです。
大切なのは、日々の私たちの心のありかたです。

〈五〉

運がいいとか悪いとか言いますが、
筋道の通ることをしていれば、
必ず良い運はめぐってきます。

〔六〕

許したいのに許すことができなくて、
忘れたいのに忘れることができなくて、
捨ててしまいたいのに捨てられない心を転じてこそ、
心の幸せ。

〔七〕

つらいことも苦しいことも、楽しいことも嬉しいことも、同じくらいめぐってきます。

「他人の畑は良く見える」と言いますが、自分の畑だってよその畑と変わらないのに、よその畑のほうが良く見えてしまうものです。

〈八〉

五段階評価で、
優しさ5、素直さ5、謙虚さ5、正直さ5、思いやり5……。
最高の人生の通信簿をもって、あの世に行ったとき、
仏さまから「よくがんばってきたね」と、
お褒めの言葉をいただきたいです。

〔九〕

玄関の草履が揃っているかどうか。
お線香を立てたときまっすぐかどうか。
当たり前のことですが、
まっすぐにしようとする心があれば、まっすぐになります。
曲がっているということは、まっすぐにしようとする
心が足りないから曲がってしまうのです。

〔十〕

春夏秋冬、栄枯盛衰の中で生きることは、
私たちにとっての「定め」です。
この世に生を受けたときから、このような自然の律に
合わせて生きていかなければなりません。

〈十一〉

「そんなことをしたらばちがあたるよ」と言いますが、神さまや仏さまは、ばちをあてません。

自分の行いや心構えが自分に返ってくるだけです。

「天に向かって唾を吐けば、自分の顔に落ちてくる」だけのことです。

〈十二〉

人生の良いことと悪いこと半分半分。
その半分を五とすると、二とか三ではなく、五もあるのに
もっともっと欲しくなり、あの手この手を考えて、
つい手を伸ばし、大切な人との縁をこわしてしまうもの。

〔十三〕

何でなんだろう、どうしてなんだろう。
人は時として悩み苦しみます。
しかし考えてもわからないことはわからないんだと、
そうわかったらとても気が楽になりました。

〈十四〉

当たり前のことですが、知りあいのお坊さんから
「塩沼さんはこわい」と笑いながら言われました。
「何がこわいのですか」と聞き直しますと、
「まっすぐなほどこわいものはない」と言うんです。
しかし私はただお坊さんとしての最低限のルールを守って
いるだけのことです。何一つ変わったことはしてません。
ただ何事もストレートです。当たり前のことです。

〈十五〉

苦しさには強いが、ぬるま湯には弱い。
これが人の心。

〔十六〕

人は皆自分が一番幸せになりたいと思っています。
その反面、自分が一番不幸だと愚痴っている。

〈十七〉

忘れきる、捨てきるところに真の喜びあり。

装幀——川上成夫
装幀写真——佐竹篤也

〈著者略歴〉
塩沼　亮潤（しおぬま・りょうじゅん）
昭和43年仙台市生まれ。61年東北高校卒業。62年吉野山金峯山寺で出家得度。平成3年大峯百日回峰行満行。11年吉野・金峯山寺1300年の歴史で2人目となる大峯千日回峰行満行を果たす。12年四無行満行。18年八千枚大護摩供満行。現在、仙台市秋保・慈眼寺住職。大峯千日回峰行大行満大阿闍梨。
著書に『人生生涯小僧のこころ』（致知出版社）、『心を込めて生きる』（PHP研究所）、『〈修験〉のこころ』（共著・春秋社）などがある。

編集協力：オフィス1975

執《と》らわれない心
日本人の生き方の原点に立ち返れ！

2011年10月４日　第１版第１刷発行
2016年４月13日　第１版第２刷発行

著　　者　塩沼亮潤
発行者　小林成彦
発行所　株式会社ＰＨＰ研究所
東京本部 〒135-8137　江東区豊洲5-6-52
ビジネス出版部 TEL03-3520-9619（編集）
普及一部 TEL03-3520-9630（販売）
京都本部 〒601-8411 京都市南区西九条北ノ内町11
PHP INTERFACE　http://www.php.co.jp/
組　　版　有限会社アトリエゼロ
印刷所　凸版印刷株式会社
製本所　東京美術紙工協業組合

©Ryojun Shionuma 2011 Printed in Japan

ISBN978-4-569-70929-1

※本書の無断複製（コピー・スキャン・デジタル化等）は著作権法で認められた場合を除き、禁じられています。また、本書を代行業者等に依頼してスキャンやデジタル化することは、いかなる場合でも認められておりません。
※落丁・乱丁本の場合は弊社制作管理部（☎03-3520-9626）へご連絡下さい。送料弊社負担にてお取り替えいたします。

PHPの本

心を込めて生きる

超人的修行を遂げた大阿闍梨の生き方

塩沼亮潤 著

大峯千日回峰行を満行した著者が、もっとも大切にしている「わがままな心をおさめ、心を込めて生きる」という心得を、やさしく説く。

定価 本体一、四〇〇円（税別）

ＰＨＰの本

死んだらおしまい、ではなかった

２０００人を葬送したお坊さんの不思議でためになる話

大島祥明　著

死んだら終わり、と思ったら大間違い！
二千余命を葬送したお坊さんはある日、すごい体験をした。本当の供養や生き方がわかる！

定価　本体一、〇〇〇円（税別）

PHPの本

決断力と先見力を高める

心に響く名経営者の言葉

ビジネス哲学研究会 編著

名経営者と呼ばれた人たちは、数々の言葉を残している。彼らの機軸や信念となっているそれらの言葉を、人物や事跡とともに紹介する。

定価 本体九五〇円（税別）

PHPの本

逆境に克つ!

心を強くする指導者の言葉

ビジネス哲学研究会 編著

渋沢栄一、吉田松陰、ロバート・F・ケネディ……。各界で活躍した偉人、激動の時代を生き抜いてきた指導者の言葉と生き方を紹介。

定価 本体九五〇円(税別)

PHPの本

ビジネスに活かす一流選手の言葉

ビジネス哲学研究会 編著

イチロー、マイケル・ジョーダン、ペレ、長嶋茂雄、高橋尚子など、トップアスリート92名の名言を収録。ビジネスに活かせるヒントが満載。

定価 本体九五〇円（税別）